AF381346

CHECKLISTE FÜR DEN BUSINESSPLAN

Die 9 wichtigsten Schritte

Verfasst von Antoine Delers
In Zusammenarbeit mit Brigitte Feys
Übersetzt von Mareike Lobeck

CHECKLISTE FÜR DEN BUSINESSPLAN

SCHLÜSSELINFORMATIONEN

- **Bezeichnungen:** Businessplan, Geschäftsplan, Unternehmensplan
- **Anwendungsbereiche:** Ein Businessplan wird meist im Vorfeld einer Unternehmensgründung oder Produkteinführung erstellt. Mit ihm kann unter Berücksichtigung der Markteigenschaften die Machbarkeit eines Projekts bewertet werden, außerdem ist er für den zugehörigen Marketingplan entscheidend.
- **Funktionsweise:** Mit dem Businessplan können sowohl Grenzen als auch Perspektiven eines Projekts aufgezeigt werden, indem alles beschrieben wird, was mit der Unternehmensgründung zusammenhängt: Produkt, Markt, Ressourcen etc. Die Erstellung eines Businessplans ist bei der Neugründung eines Unternehmens sowie bei externer Finanzierung obligatorisch. Kurz- und mittelfristige Strategien und finanzielle Rentabilität

des Projekts sowie essentielle Erfolgsfaktoren werden in ihm fest- bzw. offengelegt. Die im Businessplan festgelegten Prognosen und Strategien ermöglichen, anschließend den Geschäftsbetrieb zu überwachen und – wenn notwendig – anzupassen, um die im Vorfeld gesteckten Ziele so effizient wie möglich zu erreichen.

- **Schlüsselwörter:**
  - <u>PESTEL-Analyse:</u> Untersuchung der makroökonomischen (politischen, wirtschaftlichen, soziokulturellen, technischen, ökologischen und rechtlichen) Faktoren des Umfelds, die die Unternehmensentwicklung beeinflussen könnten. Diese Analyse beschäftigt sich nicht mit Faktoren des mikroökonomischen Umfelds, die vom Tätigkeitsbereich des Unternehmens abhängen (obwohl sie ebenfalls außerhalb des Unternehmens wirken).
  - <u>SWOT-Analyse:</u> Untersuchung des internen und externen Umfelds, wodurch Stärken, Schwächen, Chancen und Risiken eines bestimmten Unternehmens bestimmt werden können

- Marktstudie: qualitative und/oder quantitative Analyse von Markttrends, sowie der verschiedenen Marktteilnehmer, wie Kunden, Zulieferer und Wettbewerber
- Marketing-Mix: auf den Kunden ausgerichtete, kohärente Kombination verschiedener Preis-, Produkt-, Platzierungs- und Werbefaktoren (Kommunikation), die zum Kauf bewegen soll
- Finanzplan: führt die finanziellen Ein- und Ausgänge eines Unternehmens auf und enthält vor allem Bilanzen und Aufstellungen vergangener und prognostizierter Ergebnisse

EINLEITUNG

Der Businessplan entsteht aus dem wachsenden Wunsch, für neue Vorhaben (Projektumsetzung, Unternehmensgründung etc.) eine gewisse Stabilität vor allem in finanzieller Hinsicht her- und sicherzustellen. Um die zukünftige Situation eines geplanten Projekts zu beschreiben, erweist sich der Businessplan als essentiell. In den 1970er Jahren – einer von Krisen und branchenübergreifenden Umbrüchen geplagten Zeit (Ölkrise, Aufkommen von Computern) – wurde die Methode für die effiziente Unternehmensgründung und -führung unerlässlich. Außerdem macht der Businessplan weitere potenzielle Stakeholder (intern auch „Aktionäre") wie Entscheider, Geschäftsführer, Banker etc. auf ein Projekt aufmerksam, die dank der eindeutig benannten Rentabilitätsperspektiven eventuell investieren werden.

Definition

Der Businessplan bietet einen Überblick über (neue) Unternehmen, deren Entwicklungskonzept, Strategien und Umgebung, und ist somit eine Informationsquelle für Geschäftsführer, Aktionäre und potenzielle Kreditgeber. Er beschreibt hauptsächlich:

- **das Unternehmen und dessen Hauptmerkmale:** Beschreibung der Strategie und der geplanten Zielsetzungen, Untersuchung der Stärken und Schwächen des (jungen) Unternehmens, Vorstellung des zukünftigen Teams
- **den Markt und die Kunden:** Marktstudie über die Marktsituation (Wachstum, Potenzial etc.), Kunden (Kaufverhalten etc.), Wettbewerber, Zulieferer und andere wichtige Zwischenhändler

- **den zu erwartenden Wettbewerb:** Benennung der größten Stärken der Wettbewerber, darunter auch die Wettbewerbsvorteile, die das (junge) Unternehmen zu übertreffen versuchen muss
- **den Marketing-Plan:** Beschreibung der geplanten Marketingstrategie für das Produkt bzw. die Dienstleistung
- **den operativen Plan:** Beschreibung der alltäglichen Betriebsorganisation, vor allem durch eine Wertkettenanalyse und eine Analyse der unterschiedlichen Prozesse
- **den Finanzplan:** vervollständigt den Businessplan durch finanzielle Prognosen für mehrere Jahre, darunter die erwartete Kapitalrendite (Return on Investment, RoI). Dieser Teil ist für Investoren und Banker vermutlich der interessanteste. Er enthält hauptsächlich die erwarteten Eingänge und Ausgaben für die ersten Jahre nach der Gründung, zusätzlich den Investitionsplan, die entsprechend eingeplanten Finanzpartner, sowie voraussichtliche Bilanzen und Gewinn- und Verlustrechnungen.

DER BUSINESSPLAN IN DER THEORIE

Auch wenn der Begriff schon seit über hundert Jahren besteht, dauert es bis Ende der 1960er/ Anfang der 1970er Jahre (Ende der „Goldenen Sechziger"; Ölkrisen ab 1973), bis der Businessplan flächendeckender verwendet wird. Diese Zeit ist durch zwei große Veränderungen geprägt:

- Zurückhaltung der Investoren
- Aufkommen und Weiterentwicklung des Computers

ZURÜCKHALTUNG DER INVESTOREN

Seit die Investoren durch die Ölkrisen vorsichtiger geworden sind, ist eine sorgfältige Projektpräsentation für Unternehmen auf der Suche nach Finanzierungsmöglichkeiten unerlässlich geworden, um potenzielle Stakeholder von dem geplanten Projekt zu überzeugen. Der Businessplan sollte strukturiert, professionell aufbereitet und so realistisch wie möglich sein.

Die Umkehrung von Angebot und Nachfrage drängt Investoren zu mehr Vorsicht bei ihren Finanzierungen: Sie möchten nun keine wichtigen Details mehr übersehen. Bei der stark sinkenden Nachfrage mit einer gleichzeitig wachsenden Anzahl an immer riskanteren Projekten ist es umso wichtiger, sich anhand einer konkreten Grundlage zu versichern, dass das Unternehmen auch wirklich existenzfähig ist: Ein objektiv und realistisch erstellter Businessplan bietet die dafür benötigten Informationen. Immer noch im Zusammenhang mit den Veränderungen zwingt der wachsende Wettbewerb Unternehmer zu einer gründlicheren Arbeit (Auswahl und Erwartung potenzieller Risiken) – ob bei einer Unternehmensgründung oder bei der Einführung eines neuen Produkts – weshalb sie mit Vorabstudien die Erfolgsperspektiven belegen.

AUFKOMMEN UND WEITERENTWICKLUNG DES COMPUTERS

Die zweite Veränderung, die die Verbreitung des Businessplans begünstigt, hängt mit dem Aufkommen von Computern in Haushalten und nicht greifbaren (virtuellen) Produkten zusammen. Der Aufstieg des Silicon Valley in den USA – der Wiege der Technologie – trägt zu dieser Entwicklung bei. Zum einen bedeutet die Entstehung zahlreicher Informatik-Start-ups umfangreiche Investitionen, zum anderen müssen sich die Investoren von der Geschäftsfähigkeit und dem RoI der Finanzprojekte überzeugen können.

GEGENWART

Die Erstellung eines Businessplans ist heute zu einem quasi unumgänglichen Teil der Unternehmensführung und bei der (Ab-) Schaffung neuer Tätigkeiten und der daraus resultierenden Ressourcenumverteilung geworden. Geschäftsführer benötigen eine solide Basis für ihre Arbeit, Investoren dagegen grundlegende Informationen, um ihr Geld vertrauensvoll zu platzieren. In manchen (seltenen) Fällen ist es gerechtfertigt, keinen Businessplans zu erstellen. Dieses Thema wird im Kapitel über die Schwächen des Modells wieder aufgegriffen.

IN 9 SCHRITTEN ZUM ERFOLG – DER KLASSISCHE BUSINESSPLAN

Der Businessplan ist, wie bereits erwähnt, die Prognose für ein Projekt, dessen Strategien und finanzielle Lage. Zwar gibt es mehr als nur eine richtige Vorgehensweise – so kann der Businessplan in verschiedenen Varianten ausgeführt werden und so zwischen sieben und zwölf Kapitel beinhalten –, hier sollen aber die folgenden neun Schritte vorgestellt werden:

1. Executive Summary
2. Vorstellung des Unternehmens und der Geschäftsführung
3. Marktanalyse
4. Kundenanalyse
5. Wettbewerbsanalyse
6. Marketingplan
7. Operativer Plan
8. Finanzplan
9. Anhang

Executive Summary

Das Executive Summary oder Management Summary (auf Deutsch Zusammenfassung für Entscheidungsträger) ist eine ein- bis zweiseitige Zusammenfassung des Projekts, die sich an Geschäftsführer und andere Interessenten richtet. Diese Zusammenfassung soll in wenigen Worten die großen Linien des Businessplans vorstellen: Art der geschaffenen Produkte bzw. Dienstleistungen, eingesetzte Strategien, anvisierte Kundschaft und schließlich die wichtigsten Finanzkennzahlen, z. B. die Kapitalrendite. Die Informationen sollten vollständig sein, damit sich Leser schnell ein Bild vom Potenzial des Projekts machen können.

Vorstellung des Unternehmens und der Geschäftsführung

Der zweite Teil betrifft das Unternehmen selbst, dessen allgemeine Strategie, seine kurz-, mittel- und langfristigen Ziele sowie seine Wettbewerbsvorteile und Vorhaben (zukünftige Herausforderungen). Hier bietet es sich an, die Beschreibung des Unternehmens und seines Umfelds auf einer **SWOT-Analyse** zu basieren, da sie Unternehmern ermöglicht, die Stärken, Schwächen, Chancen und Risiken zu erkennen.

SWOT-Matrix

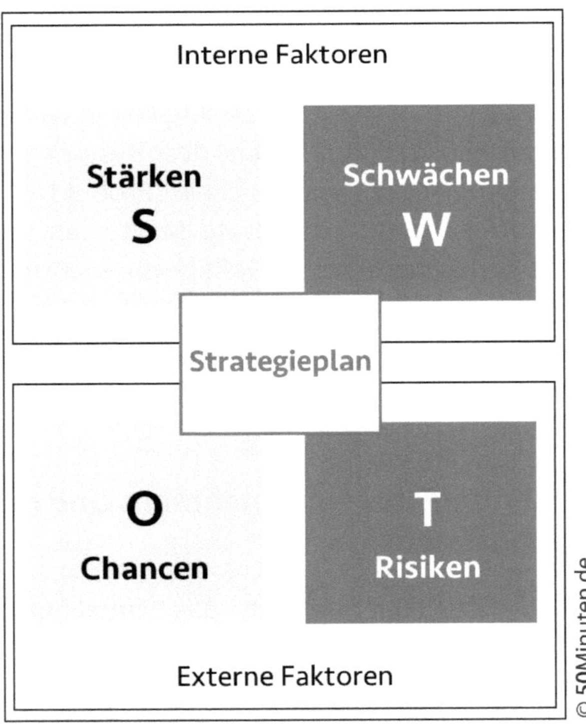

In einer SWOT-Analyse stehen die Stärken für die Vorteile eines Unternehmens, wie beispielsweise ein günstig gelegener Standort, während die Schwächen die (internen) Schwachpunkte darstellen. Chancen und Risiken (beides externe Faktoren) bewerten die Zukunftsperspektive des Unternehmens. Dieses sollte Chancen zu nutzen wissen und gleichzeitig Risiken abwenden, sowie Schwächen mit seinen Stärken ausgleichen.

Ebenso müssen kurz-, mittel- und langfristige Ziele definiert werden: Wachstum der gehaltenen Marktanteile, Anstieg der Kundenmenge, Anstieg der Rentabilität etc.

Die Vorstellung des Unternehmens umfasst eine Beschreibung des Führungsteams, also deren Lebensläufe, die Art der Einlagen sowie zukünftige Verantwortungsbereiche der Teilhaber, die das Unternehmen gründen/leiten werden.

Marktanalyse

Die Marktanalyse stellt den gesamten Markt dar, zusätzlich zu den externen Faktoren, die das zukünftige Unternehmen (oder die Zukunft des Unternehmens) beeinflussen können. Dabei sollen nicht die <u>Kunden und deren Verhalten</u> betrachtet werden – stattdessen wird hier allgemeiner beschrieben, wie sich der Markt aktuell zusammensetzt, welche Entwicklungen zu erwarten sind, welche Gesetze gelten etc. Für einen vollständigen und wirklichkeitsgetreuen Überblick über die externe Situation kann eine **PESTEL-Analyse** erstellt werden. Diese beschreibt das makroökonomische Umfeld mittels sechs Faktoren.

PESTEL-Analyse

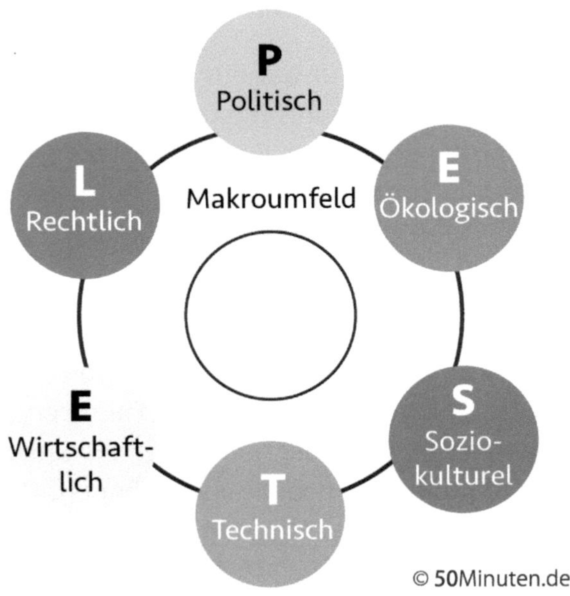

- **P(olitical) – politisch:** Welchen Druck übt die Regierung aus? Wie stabil ist das politische System?
- **E(conomic) – wirtschaftlich:** Wie hoch sind Zinssatz und Wachstumsrate? Wie ist die Geldpolitik?
- **S(ocial) – soziokulturell:** Wie sieht die Demographie aus? Welche sozialen Gesetze gelten?
- **T(echnological) – technisch:** Welche Technologie ist verfügbar? Gibt es neue Patente?
- **E(nvironmental) – ökologisch:** Welche Umweltnormen gibt es? Wie sieht die Politik zur nachhaltigen Entwicklung aus?
- **L(egal) – rechtlich:** Welche Gesetze gelten in der Branche? Wie werden die Kunden geschützt?

Zweck dieser Analyse ist, zu beweisen, dass der Eintritt des neuen Unternehmens auf den Markt sinnvoll und gerechtfertigt ist.

GUT ZU WISSEN: MARKTANALYSE

Die Marktanalyse bildet im Allgemeinen die Grundlage des Businessplans. Sie ist quasi obligatorisch, da sie Unternehmer mit den

unmittelbaren (da an der Quelle erfass-
ten) Realitäten des Marktes konfrontiert,
auf dem sie sich niederlassen (werden).
Trotzdem wird sie oft vernachlässigt, da
die Erstellung zeitaufwendig ist und die
Projektinitiatoren diese Zeit lieber der tat-
sächlichen Unternehmensgründung widmen.
Marktanalysen eignen sich besonders, um:

- Marktentwicklungen zu erkennen, um so
  herauszufinden, ob sich ein Markt dazu eignet, das neue Unternehmen aufzunehmen
- die Zielgruppe, sowie deren Zusammensetzung und Einkaufsverhalten zu definieren
- die Konkurrenz kennenzulernen. Ist sie gut
  etabliert? Welche Produkte werden von
  ihr angeboten? Wo liegen ihre Stärken,
  was sind ihre Wettbewerbsvorteile?
- sich über die Zulieferer zu informieren
  (deren Anzahl, Vereinbarungen und mög-
  liche Margen)
- weitere potenzielle Einflussfaktoren,
  die einen Einfluss haben könnten,
  auszumachen. Dazu gehören Standort,
  Handelsgesetze, soziale Normen und
  weitere Geschäftspartner.

Kundenanalyse – aus welchen Käufern setzt sich die Zielgruppe zusammen?

Die Kundenanalyse gehört mit zu den wichtigsten Punkten des Businessplans, da es ohne Kunden natürlich keine Zahlungseingänge geben kann. Die Analyse soll also die zukünftige Zielgruppe beschreiben. Dabei muss ein klares Bild der Zusammensetzung, Segmentierung, des Einzugsbereichs etc. gezeichnet werden. In der Regel können Statistikinstitute einen Großteil dieser Informationen bereitstellen.

Um die Merkmale der Zielgruppe korrekt bestimmen zu können, sollten die Bedürfnisse der Kunden mit im Mittelpunkt der Überlegungen stehen. Eine praktisch ausgeführte Marktstudie ist demnach notwendig, um die Kaufgewohnheiten und -wünsche, die Kaufkraft der Kunden und den Preis, den sie zu zahlen bereit sind, zu beobachten. Dies ermöglicht die Gestaltung von Produkten, die den Kundenbedürfnissen entsprechen.

Wettbewerbsanalyse

Als Nächstes sollten die externen Faktoren betrachtet werden. Diese betreffen die Branche, in der sich das Unternehmen befindet und beeinflussen das empfindliche Gleichgewicht zwischen Angebot und Nachfrage. In diesem Teil des Businessplans sollten die verschiedenen, bereits auf dem Markt agierenden Wettbewerber untersucht und deren Produkte, festgelegte Preise sowie Wettbewerbsvorteile analysiert werden. Ziel dabei ist es, herauszufinden, wie das Unternehmen seine Konkurrenz ausstechen und welchen Wettbewerbsvorteil es selbst entwickeln kann. Auch wenn es kaum möglich ist, eine umfassende SWOT-Analyse aller Wettbewerber anzufertigen, hilft sie dennoch dabei, deren Stärken und Schwächen festzustellen.

Schließlich kann sich die Einteilung in direkte und indirekte Wettbewerber als interessant erweisen. Beide Gruppen sollten vom Unternehmen nicht außer Acht gelassen werden.

- **Direkte Wettbewerber** bieten eine Leistung, die identisch mit der des (neuen) Unternehmens ist und ein vergleichbares Bedürfnis befriedigt.
- **Indirekte Wettbewerber** bieten eine andere Leistung, die aber das gleiche Bedürfnis befriedigt.

Marketingplan

Mittels der Kunden- und Wettbewerbsanalysen kann eine Strategie für die Kundenakquise und der Marketingplan entworfen werden. Auch als „Marketing-Mix" bezeichnet, handelt es sich hierbei um die wichtigsten Elemente der Verkaufsstrategie eines Produkts bzw. einer Dienstleistung.

- **Produkt:** Was für ein Produkt bzw. eine Dienstleistung wird angeboten?
- **Preis:** Ist der Preis an den der Konkurrenz angepasst? Wie würde sich ein Preisunterschied auf das Kaufverhalten der Kunden auswirken?
- **Place (Distribution):** Welche Vertriebskanäle werden genutzt – Internet, Geschäfte?
- **Promotion (Kommunikation):** Welche Art der Werbung wird verwendet? Welcher Ton? Welches Image und welche Werte sollen vermittelt werden?

Die 4 P des Marketing-Mix

Durch die Kombination der vier Variablen kann ein kohärenter Plan für die Marketingstrategie erstellt werden. Die Hauptpunkte der im Vorfeld angefertigten SWOT-Analyse können diesen Plan sinnvoll ergänzen.

GUT ZU WISSEN: DIE 7 P

Auch wenn die 4 P den Marketingplan schon effizient und logisch strukturieren, werden manchmal noch zwei, drei oder vier weitere P hinzugefügt, um das Konzept zu verfeinern. Am beliebtesten sind dabei *people* (Person), was die Verkäufer und ihre Verkaufsstärke umfasst, und *physical facilities* (Ausstattung), was sowohl Verkaufsstellen als auch gewisse Werbekanäle beschreibt.

Operativer Plan

Dieser Teil befasst sich mit der Unternehmensführung und dem alltäglichen Betrieb: Organisation der verschiedenen Abteilungen, Interaktion mit externen Beteiligten (beispielsweise Zulieferer) etc. Die folgenden Fragen sollten dabei beantwortet werden: Wie sieht die interne Organisation des Unternehmens aus? Wie entsteht das Produkt? Welche Prozesse bestehen? Welche Aufgaben werden an Subunternehmer vergeben? Je nach Zweck des Businessplans können die Informationen unterschiedlich dargestellt werden:

- Organigramm der verschiedenen Abteilungen, das eventuell die Verbindungen zwischen diesen aufzeigt
- ausführlicher Plan, der für jeden Monat die verschiedenen Schritte der Einführung/Gründung und jeweils zu erreichende Meilensteine des Projekts auflistet

- Analyse der Wertkette, also eine Erläuterung der einzelnen Arbeitsschritte von Forschung und Entwicklung bis zum After-Sales-Service.

Finanzplan

In einer Zeit, in der es – vor allem bei Start-ups – recht häufig zu Firmenpleiten kommt, ist Rentabilität zu einem essentiellen Kriterium geworden: Ist sie nicht überzeugend, kann das zu einer Zurückhaltung der Kreditgeber führen und damit unweigerlich die Wirtschaftsdynamik bremsen. Außer den erwarteten Ein- und Ausgängen umfasst der Finanzplan einen Investitionsplan, die anvisierten Finanzpartner sowie vorläufige Bilanzen und Gewinn- und Verlustrechnungen.

Der Finanzplan, der meist für drei Jahre erstellt wird, ist wahrscheinlich einer der am meisten gelesenen Teile des Businessplans, da er die Verantwortlichkeit der Gründer für die ersten drei Jahre festlegt und vor allem Investoren und Banker interessiert, die sich der Rentabilität des Unternehmens versichern möchten. Investoren beschäftigen sich mit dem Vergleich von Risiko und Rendite und mit der Kapitalrendite, während Banker überprüfen, ob das Unternehmen auch tatsächlich in der Lage sein wird, seine Kredite in den ersten Jahren zurückzuzahlen. An dieser Stelle sei angemerkt, dass zwar auch Finanzpläne auf Fünf- oder Zehn-Jahres-Basis möglich sind, Vorhersagen jedoch durch einen zu weiten Ausblick in die Zukunft ungenau, wenn nicht sogar inkorrekt, werden.

Wie der operative Plan kann auch der Finanzplan je nach Bedarf in verschiedene Punkte unterteilt werden:

- **Tabelle der Verwendung und der Einbringung finanzieller Mittel für die Unternehmensgründung:** Dies kann Gründungskosten, Sach- und Finanzanlagen, Vorratsvermögen, Anfangsbilanz, verschiedene Einlagen und aufzunehmende Kredite beinhalten.
- **Vorläufige Bilanzen und Gewinn- und Verlustrechnungen der ersten drei Jahre:** Es ist nicht nötig, die Dokumente an dieser Stelle vollständig widerzugeben (da sie genauso gut in den Anhang aufgenommen werden können), lediglich die aussagekräftigsten Zahlen müssen hier genannt werden.

Anhang

Der Anhang besteht aus allen Dokumenten und Informationen, die nicht direkt in den Businessplan mit aufgenommen werden können. Dazu gehören insbesondere ein detaillierter Finanzplan, Marktstudien, Lebensläufe der Gründer, Gesellschaftsdokumente, Patente und Lizenzen und alle weiteren Dokumente, die wichtige zusätzliche Informationen liefern.

DER BUSINESSPLAN IN DER PRAXIS

TIPPS UND BEST PRACTICES

Praktische Anwendung im Unternehmen

Nicht nur in den beiden bereits betrachteten Situationen (Unternehmensgründung und Einführung eines größeren Projekts) erweist sich die – in manchen Fällen vorgeschriebene und in anderen empfehlenswerte – Anfertigung eines Businessplans als nützlich, sondern auch um

- die Unternehmensentwicklung über die Jahre hinweg zu verfolgen (in diesem Fall dient der Businessplan als Referenzdokument) und sicherzugehen, dass sich das Projekt nicht zu weit von den ursprünglichen Prognosen entfernt. Bei weitreichenden strategischen Veränderungen kann auch der Businessplan angepasst werden (je schneller Abweichungen erkannt werden, desto schneller können sie ausgeglichen werden).

- Investoren und Kreditgeber von der Rentabilität eines Projekts und von dem Sinn ihrer Investition bzw. ihres Kredits zu überzeugen.
- bestimmte rechtliche Vorschriften zu erfüllen. Dies gilt insbesondere für den Finanzplan, der bei Gründung einer AG (Aktiengesellschaft) oder einer GmbH (Gesellschaft mit beschränkter Haftung) Teil des notariell beglaubigten Gesellschaftsvertrags ist.
- die Glaubwürdigkeit gegenüber potenziellen zukünftigen Zwischenhändlern zu erhöhen (Zulieferer, Vertreiber etc.).

GUT ZU WISSEN: DIE WICHTIGSTEN VORTEILE EINES BUSINESSPLANS

1. Der Businessplan stellt sicher, dass alle Aspekte eines Projekts (gründlich) betrachtet wurden, sodass keine Unklarheiten mehr verbleiben. Einen starken Wettbewerber oder eine Markteintrittsschranke zu übersehen, könnte sich dagegen sehr nachteilig auswirken.

2. Im Zusammenhang damit lässt sich anhand des Businessplans auch eine Strategie festlegen und die Machbarkeit des Projekts überprüfen.
3. Als Standarddokument kann der Businessplan allen Beteiligten (beispielsweise Investoren und Kreditgebern) vorgelegt und von allen verstanden werden. So sieht das Bankrecht zwar bei einer Kreditanfrage (bei einer Bank) einen Businessplan nicht verpflichtend vor, ein Unternehmen wird ohne ihn jedoch nur schwer zu seinen finanziellen Mitteln kommen.
4. Schließlich erleichtert der Businessplan die strategische, operative und finanzielle Planung für die ersten Jahre und ermöglicht es, zu überprüfen, ob Ziele während der Umsetzung tatsächlich erreicht werden.

Empfehlungen

- **Objektivität bei der Erstellung des Businessplans:** Es ist essentiell, die betrachteten Punkte sinnvoll und kohärent zu bewerten.

So ist zum Beispiel ein unverhältnismäßig hohes Gehalt im ersten Jahr nach Start eines neuen Projekts nicht sehr realistisch.

- **Bestmögliche Überprüfung der Machbarkeit des neuen Projekts:** Es mag sich von selbst verstehen, aber nach drei Jahren eine ausreichende Rentabilität zu erwirtschaften, ist für das Überleben des Unternehmens bzw. des Projekts unerlässlich.
- **Vergleich der Prognosen mit der Konkurrenz:** So lässt sich erkennen, ob die Analyse der Realität entspricht. Ist dies nicht der Fall, sollte sie umgehend angepasst werden.
- **Bestätigung des Businessplans durch Experten:** Beispielsweise bei der Gründungsberatung der Industrie- und Handelskammern können Schwachstellen aufgezeigt werden. Die Strategie sollte dann nochmals überdacht werden, um den Businessplan besser an die Marktsituation anzupassen.
- **Korrekturlesen durch Laien:** Ein Businessplan muss für jeden – ob Experte oder nicht – lesbar und leicht verständlich sein.
- **Vergleich des Businessplans mit der Unternehmensentwicklung und entsprechende Anpassung:** Anhand des Business-

plans lässt sich überprüfen, ob die vorgesehene Strategie auch angewendet wird, einer der größten Vorteile des Dokuments. Es ist also wichtig, dass der Businessplan – insbesondere bei neuen Tätigkeiten – während der ersten Jahre nach dem Start in allen Bereichen der Unternehmensführung als Grundlage für die Entwicklung und Unterstützung dient.

- **Nachteilige Informationen nicht verschleiern, tatsächliche Risiken nicht verstecken und Finanzprognosen nicht verschönern:** Die Gründer haften im Falle einer Unternehmenspleite.

FALLSTUDIE – *BARRACUBA*

In dieser fiktiven Fallstudie soll die Eröffnung einer neuen Bar in der Innenstadt betrachtet werden. Inhaber ist ein ehemaliger Student, der sich gerne an seine schöne Studentenzeit zurückerinnert und in die Branche zurückkehren möchte. Ihm ist aufgefallen, dass in der Stadt kaum studentische Aktivitäten organisiert werden und dass die wenigen Studentenkneipen, die es gibt, kaum frequentiert werden. Zusammen mit einer ehemaligen Kommilitonin arbeitet er das Projekt aus. Trotz ihrer Ersparnisse benötigen sie noch weiteres Kapital. Nachdem ihre Versuche, private Investoren zu gewinnen, erfolglos blieben, beschließen sie, sich an eine Bank zu wenden. Um dort ernst genommen zu werden, erstellen sie einen (20- bis 30-seitigen) Businessplan. Dieser wird im Folgenden in groben Zügen vorgestellt.

Executive Summary

BarraCuba ist eine neue Bar mit modernem Flair, die sich vor allem an junge Menschen richtet. Um die Bar mit Leben zu erfüllen, werden regelmäßig Themenabende und kleine Konzerte organisiert. Dieser neue Treffpunkt liegt mitten im Studentenviertel, also an einem idealen Standort. An der Bar werden (im Stadt-Preisvergleich) sehr günstige Getränke verkauft.

Vorstellung der Bar und des Teams

Die Strategie der *BarraCuba* ist hauptsächlich auf ein junges Publikum ausgerichtet, das sowohl tagsüber als auch abends bewirtet werden soll.

SWOT-Matrix des neuen Projekts

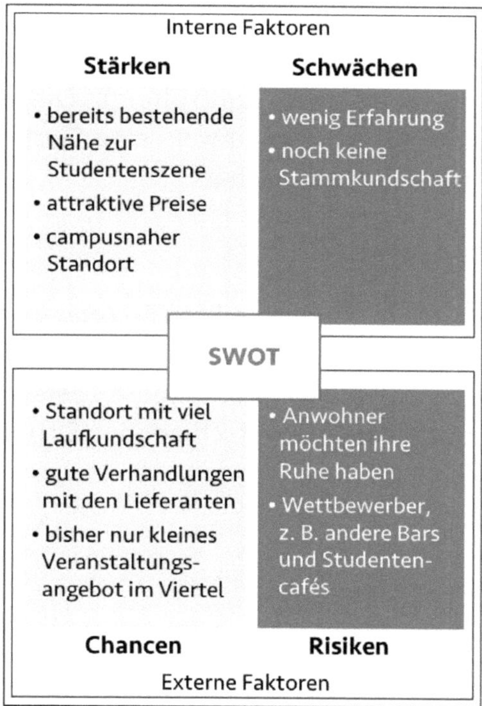

Die Bar soll zudem eine spanische Atmosphäre haben, da die Unternehmer davon überzeugt sind, dass Musik und Tanz gerade junge, hippe Kunden anziehen werden.

Das Unternehmen besteht vorerst aus den beiden ehemaligen Wirtschaftsstudenten Tom C. (Schwerpunkt General Management) und Pia T. (Schwerpunkt Controlling). Die beiden Gesellschafter bringen jeweils eine Summe von 12.500 € mit in das Geschäft.

Marktanalyse für Bars

Diese Analyse – z. B. eine PESTEL-Analyse – konzentriert sich auf den Markt, der Veranstaltungen mit Getränkeverkauf kombiniert. Seit einigen Jahren hat dieser aus verschiedenen Gründen zu kämpfen.

PESTEL-Analyse für das Projekt

P **Politisch**	• Erhöhung der Grundsteuer, was sich negativ auf den Umsatz auswirkt
E **Ökologisch**	• steigende Mietpreise und allgemein hohe Nebenkosten
S **Soziokulturell**	• Bedürfnis junger Leute, auszugehen und sich nach der Arbeit bzw. nach den Vorlesungen zu amüsieren
T **Technisch**	• Errichtung eines Glasfasernetzes in der Stadt, was zu einer besseren Internetverbindung führt
E **Wirtschaftlich**	• Schutz der öffentlichen Gesundheit bezüglich Alkohol und Tabak • Präventivmaßnahmen gegen Lärm
L **Rechtlich**	• Rauchverbot in Bars

Trotzdem bietet der Markt einige Möglichkeiten und eignet sich nach wie vor für die Eröffnung einer Bar, da Studenten immer auf der Suche nach guter Unterhaltung und Orten zum Entspannen und Freunde treffen sind. Zudem werden die organisierten Veranstaltungen und niedrigen Preise schnell die gewünschte Zielgruppe anlocken.

Analyse der Zielgruppe des Projekts

Die Zielgruppe umfasst die Studenten der städtischen Universität und Fachhochschule. Eine auf diese Zielgruppe fokussierte Marktstudie ergab, dass mehr als 60 % die Eröffnung einer Bar in der Innenstadt begrüßen und 5 % von ihnen sie regelmäßig besuchen würden. Während sich die Bar unter der Woche quasi ausschließlich auf Studenten konzentriert, wendet sie sich am Wochenende auch an junge Arbeitnehmer, die an Wochentagen weniger ausgehen.

Eine weitere Zielgruppe sind junge Menschen zwischen 18 und 35 Jahren. Umfragen zum Nachtleben in der Region haben ergeben, dass 20 % der jungen Leute wenigstens einmal im Monat und weitere 10 % einmal die Woche ausgehen. Im Durchschnitt geben sie für einen Abend um die 12 € aus. Mit ihrer Kenntnis der Studentenszene und dem Bewusstsein für das Potenzial ihrer zukünftigen Kunden zeigen die

Unternehmer, dass sie über Objektivität verfügen und kohärente Daten liefern können.

Eine quantitative Abschätzung der potenziellen Kunden kommt zu folgendem Ergebnis: Da 23 % der 650.000 Einwohner der Stadt und Umgebung zwischen 18 und 35 Jahre alt sind, beträgt ihre Anzahl ungefähr 150.000.

- 20 % davon besuchen einmal im Monat eine Bar (20 % von 150.000 x 12 €)
- 10 % gehen ungefähr vier Mal im Monat aus (10 % x 12 € x 4 Besuche)

Insgesamt beläuft sich der Umsatz für die Stadt auf 1.080.000 € pro Monat, das heißt 360.000 € + 720.000 € (Achtung: Der Umsatz ist lediglich eine Markteinschätzung und umfasst dabei alle Arten von Barbesuchen für einen ganzen Monat). Wird dieser Wert auf ein ganzes Jahr übertragen – wobei der wahrscheinliche Rückgang im Winter und an Regentagen (- 5 % auf sechs Monate) sowie ein Anstieg während der schönen Jahreszeit (+ 10 % auf sechs Monate) miteinberechnet werden –, liegt der jährliche Umsatz bei 13.284.000 €, das heißt 6.156.000 € + 7.128.000 €.

Wettbewerbsanalyse

Die Wettbewerbsanalyse wird direkt vor Ort ausgeführt. In einem Umkreis von drei Kilometern konnten die Unternehmer sieben Konkurrenten ausmachen, die sie anschließend analysiert haben. Bei zwei davon handelt es sich um Studentenbars: Außer an Abenden unter der Woche wird hier laute Musik gespielt. Beide haben eine beachtliche Getränkekarte und bieten zahlreiche Biersorten an. Die Unternehmer denken jedoch, dass ihr erschwinglicheres – da kleineres – Getränkeangebot ihnen einen Wettbewerbsvorteil sichern wird.

Trotz dieser weitreichenden Prognosen zeigen sie sich offen gegenüber Strategieanpassungen – je nach Nachfrage, Wünschen und Verhalten ihrer ersten Kunden. Ihr Ziel zu diesem Zeitpunkt ist, ihre Kunden bestmöglich zufriedenzustellen, damit so viele wie möglich zu Stammkunden werden und die Bar weiterempfehlen.

Von den Kunden- und Wettbewerbsdaten ausgehend sollte sich der Marktanteil der *BarraCuba* von 0,5 % im ersten Jahr auf 1,2 % im zweiten und schließlich 1,5 % im dritten Jahr steigern.

Drei-Jahres-Prognose

	Jahr 1	Jahr 2	Jahr 3
Marktanteil	0,5 %	1,2 %	1,5 %
Umsatz/ Jahr	66.420 €	159.408 €	199.260 €

Marketingplan der *BarraCuba*

Im Einklang mit ihrer Vision und ihrer Marktstudie beschließen die Inhaber, wie folgt vorzugehen:

Marketingplan der *BarraCuba*

Preis	• niedrige, attraktive Preise, die sich von der Konkurrenz unterscheiden • reduzierte Preise bei bestimmten Veranstaltungen
Produkt	• großes Angebot an Softdrinks, viele Standard-Biersorten und einige besondere Biere • Entwicklung möglich
Place (Distribution)	• mitten im Studentenviertel gelegen, hohes Laufkundschaftspotenzial
Promotion (Kommunikation)	• Plakate auf dem Campus mit praktischen Informationen zu Themenabenden • Aushang im Fenster der Bar • erhoffte Mund-zu-Mund-Propaganda unter Studenten

Operativer Plan

Die alltägliche Unternehmensführung wird von den beiden genannten Gesellschaftern übernommen:

- Tom C. wird sich um Kontakte zu Lieferanten, Stadt und Behörden kümmern sowie die Leitung der Bar übernehmen.
- Pia T. wird für die Verwaltung der finanziellen Mittel, Buchhaltung/Steuern und alle weiteren finanziellen Aspekte zuständig sein. Außerdem leitet sie abends die Bar.

Zu Beginn planen sie nicht, Aktivitäten an externe Dienstleister zu vergeben, mit der eventuellen Ausnahme besonderer, technischer oder rechtlicher Unterlagen, die sie nicht selbst anfertigen können. Außerdem möchten sie für einen guten Anlauf der Bar fünf Studenten in Teilzeit einstellen, um dem Andrang bei Veranstaltungen gerecht zu werden.

Zeitplan für die *BarraCuba*

- 1. und 2. Monat – März - April: Marktstudie, Finanzplan und Bestätigung des Businessplans (dieser Schritt wird aktuell ausgeführt)
- 3. und 4. Monat – Mai - Juni: Bewilligung eines Bankkredits, Kontaktaufnahme mit dem Eigentümer des zukünftigen Standorts und mit der Stadt, Kommunikation von Informationen an die Einwohner der Stadt

- 5. Monat – Juli: Erwerb aller Scheine und Lizenzen, die für die Eröffnung der Bar notwendig sind; Vertragsverhandlungen mit Lieferanten
- 6. Monat – August: Beginn der Bewerbung der zukünftigen Bar und Suche nach studentischen Aushilfen
- 7. Monat – September: Aufbau von Möbeln, Bühne und Bar
- 8. Monat – Oktober: offizielle Eröffnung der Bar zu Vorlesungsbeginn mit einer besonderen Veranstaltung und einigen Getränken zu reduzierten Preisen

Finanzplan

Die Tabelle enthält die größten Einlagen und den Verwendungszweck der für die Gründung benötigten finanziellen Mittel.

Finanzplan

Verwendung der Mittel	• Geschäftsvermögen: 12.000 € • Miete für Lokal (für ein Jahr): 9.600 € • Kaution: 1.600 € • Betriebs- und Geschäftsausstattung: 2.500 € • Einrichtung: 600 € • Registrierkasse: 450 € • Werbung: 500 € • vorläufiges Umlaufvermögen: 5.000 €
Herkunft der Mittel	• Einlagen Geschäftsführer 1: 12.500 € • Einlagen Geschäftsführer 2: 12.500 € • erhoffter Kredit: 12.250 €

Bei den geschätzten Verkaufszahlen beläuft sich der für das erste Jahr nach Gründung („n") erwartete Umsatz auf 66.420 €, für das zweite auf 159.408 € und für das dritte schließlich auf 199.260 €. Der erwartete Nettogewinn für die ersten drei Jahre wird wie folgt berechnet:

- n – Gründungsjahr: 249 € (Verlust)
- n + 1 – zweites Jahr: 30.432 €
- n + 2 – drittes Jahr: 46.452 €

Vorläufige Tabelle der ersten Jahre nach Gründung

	Jahr 1	Jahr 2	Jahr 3
Umsatz	66.420 €	159.408 €	199.260 €
Betriebs-ausgaben	20.000 €	20.000 €	20.000 €
Warenkauf	26.568 €	63.763,2 €	79.704 €
Lohnkosten	15.000 €	25.000 €	25.000 €
Betriebs-ergebnis	4.852 €	50.644,80 €	74.556 €
Steuern und Abgaben	1.601,16 €	16.712,78 €	24.603,48 €
Zinsen und Kredite	2.000 €	2.000 €	2.000 €
sonstige Aufwen-dungen	1.500 €	1.500 €	1.500 €
Netto-gewinn	-249,16 €	30.432,02 €	46.452,52 €

Der Businessplan sollte auch nach Ablauf der

ersten drei Jahre noch nützlich sein. Gegen Ende des ersten Jahres (und der folgenden) müssen die Betreiber der *BarraCuba* ihre Prognosen mit den erwirtschafteten Zahlen vergleichen und über die Gründe für eventuelle Abweichungen nachdenken. Eine Strategieanpassung ist durchaus noch während des laufenden Betriebs möglich und je schneller die Neuausrichtung erfolgt, desto größer ist die Wahrscheinlichkeit, dass die zu Beginn gesteckten Ziele erreicht werden.

DER BUSINESSPLAN: SCHWÄCHEN UND ERGÄNZUNGEN

KRITIK

Wie so viele Modelle ist auch der Businessplan einiger Kritik ausgesetzt:

- **Der Businessplan gibt lediglich eine Prognose für das Projekt und garantiert keine absolut sichere Rentabilität.** Diverse unerwartete Ereignisse können die erstellten Prognosen zunichtemachen: eine unzuverlässige Berechnung des Umsatzes, ungenaue Markteinschätzung, ein starker Rückgang der Nachfrage, Designfehler, ein Preiskampf mit der Konkurrenz... Niemand kann die Zukunft vorhersehen, der Geschäftsplan ist aber dennoch als Arbeitsgrundlage gedacht.
- **Die regelmäßigen Anpassungen des Businessplans erscheinen manchmal etwas mühselig.** Im Fall von Start-ups oder

Unternehmen in sehr dynamischen Branchen (wie beispielsweise der Computerbranche, wo ein Produkt sehr schnell obsolet werden kann) wird der Plan sehr häufig angepasst: Anpassung der Strategie, Verbesserung des Projekts, unerwartete Veränderungen der Kundensegmente. Der erste Businessplan ist dann nicht mehr länger gültig, da er sich in grundsätzlichen Punkten zu weit von der Realität entfernt.

- **Die notwendigen Ressourcen (Zeit, Energie, Fähigkeiten) für die Erstellung eines vollständigen, sinnvollen Businessplans sind nicht vorhanden.** Für Jungunternehmer mit wenig Zeit erscheint die oft langwierige Erstellung eines Businessplans kaum realisierbar. Für Markt- und Produktstudien, die Beschreibung des Unternehmens sowie den Finanzplan sind außerdem zur Korrektur und Bestätigung externe Ressourcen notwendig, sodass sich Unternehmer zunächst nicht auf ihr Kerngeschäft konzentrieren können. Die Erstellung kann außerdem die Motivation zur Unternehmensgründung dämpfen.
- **Es gibt kaum Alternativen.** Es gibt leider keine bzw. wenige Alternativen zum Businessplan.

Wird keiner erstellt, kann dies bei der Mobilisierung finanzieller Mittel sogar negative Auswirkungen für das Unternehmen bedeuten, da sich Banken und andere Finanzinstitute bei ihren Investitionen auf eine solide Basis stützen möchten. Trotzdem ist es sehr wahrscheinlich, dass sich diese Einstellung wandeln wird und stattdessen bald vereinfachte Analysen für die Unternehmensgründung verwendet werden (wie beispielsweise die SynOpp-Methode in Kanada). In zwei Fällen ist der Businessplan jedoch nicht zwingend erforderlich: wenn der Unternehmer selbst die für das Projekt benötigten Mittel aufbringt und wenn sich Unternehmen, die einen hohen Mehrwert mit gleichzeitig hohem Risiko bieten, an private Investoren, Business Angels oder Investitionsfonds wenden (es müssen hier allerdings trotzdem die Hauptpunkte des Businessplans vorgestellt werden, das heißt das zukünftige Produkt, dessen Nutzen, potenzielle Kunden und der erwartete Umsatz).

ERGÄNZUNGEN

Balanced Scorecard

Hierbei handelt es sich um ein Steuerungs-Tool für die Unternehmensführung, das sich auf Schlüsselindikatoren, die Leistungskennzahlen (oder Key Performance Indicators, KPI) stützt. Es bietet Unternehmensführern und Managern einen klaren, allgemeinen Überblick über wichtige

Tätigkeiten, die aktuell ausgeführt werden oder noch anstehen. Da die Balanced Scorecard an das jeweilige Unternehmen angepasst wird, gibt es keine fixe Form. Neben allgemeinen Kennzahlen (wie dem Umsatz) werden auch branchenspezifische Indikatoren betrachtet.

Die Balanced Scorecard kann in Kombination mit dem Businessplan verwendet werden, da sie dabei hilft, die Entwicklung eines jungen Unternehmens (anhand von Schlüsselwerten) während der ersten Jahre zu steuern und zu überwachen. Zudem ermöglicht das Management-Tool, eine klare Strategie zu definieren sowie Probleme vorherzusehen, indem Prognosen erstellt werden, die später mit der Realität verglichen werden. Durch die Analyse der verschiedenen strategischen Dimensionen wird kein Aspekt außer Acht gelassen.

- **Finanzielle Perspektive:** Umsatz, erwarteter Gewinn, Gewinn je Aktie (*Earnings per Share*, EPS), Kapitalrendite (*Return on Investment*, RoI), Gesamtkapitalrendite (*Return on Assets*, RoA) etc.
- **Kundenperspektive:** Marktanteil, Kundenzufriedenheit, Kundenbindung etc.

- **Interne Prozessperspektive:** Produktions-
dauer und -kosten, Vorlaufzeit, Bearbei-
tungszeit von Kundenanfragen etc.
- **Lern- und Entwicklungsperspektive:** Anzahl
der Beschwerden durch Mitarbeiter, interne
Zufriedenheit, Anzahl an Fortbildungen,
Entwicklungsmöglichkeiten etc.

Gantt-Diagramm

Hierbei handelt es sich um ein Projekt-
management-Tool, das in der Informatik und im
Ingenieurswesen regelmäßig zum Einsatz kommt.
Es ermöglicht (mittels horizontaler Balken) eine
grafische Darstellung des Projektfortschritts,
der verschiedenen Meilensteine und der ver-
bleibenden Schritte. Das Tool ist gerade bei
Unternehmensgründungen sehr beliebt.

Beispiel eines Gantt-Diagramms

Aufgabe	Beginn	Ende	Juni	Juli	Aug.	Sep.
Vergleichsstudie der Maschinen	01.06	30.06	▬			
Zuliefererrecherche	20.06	20.07	▬			
Lieferung der Maschine	20.07	10.08		▬		
Aufbau der Maschine	10.08	16.08			▬	
erster Test der Maschine	17.08	18.08			▬	
Produktionsbeginn	18.08					▬

ZUSAMMENGEFASST

- Der Businessplan dient als operativer Leitfaden bei Unternehmensgründungen oder neuen Großprojekten und ermöglicht gleichzeitig die genaue Beschreibung von Vorgehen und Prognosen (für die folgenden drei Jahre) sowie einen allgemeinen Überblick über die kurz- und mittelfristige Entwicklung des Projekts.
- Der Businessplan richtet sich an Unternehmensführung und Projektleitung, die sich der Machbarkeit des Projekts versichern und dessen Umsetzung genau verfolgen müssen. Zudem kann er Investoren überzeugen und alle Beteiligten über die jeweiligen Aufgaben und Verantwortungsbereiche informieren.
- Der Businessplan setzt sich aus ungefähr zehn Kapiteln mit den folgenden Hauptinformationen zusammen:
  - Vorstellung des Produkts und seiner Vorteile im Marketingplan
  - Beschreibung des internen und externen Unternehmensumfelds mittels einer Marktstudie

- ◦ Kommunikation der finanziellen Prognosen über den Finanzplan
- Der größte Nutzen liegt in der Projektumgrenzung, durch die alle Aspekte beleuchtet werden. Eine klare, wirksame Strategie erstellen zu können, ist immer essentiell – in Krisen- wie in normalen Zeiten.
- Da der Businessplan für die Finanzierungsanfrage bei öffentlichen Finanzinstituten und Banken quasi obligatorisch ist, gibt es für ihn keine bzw. kaum Alternativen. Manche Privatinvestoren – wie Business Angels – ziehen ein kurzes, vereinfachtes Dokument vor, dass sich vor allem auf das Produkt, dessen Nutzen und die Kapitalrendite konzentriert.
- Soll der Businessplan sinnvoll sein, müssen die verschiedenen Aspekte korrekt und objektiv eingeschätzt werden. Es ist von enormer Wichtigkeit, Fehler zu vermeiden und nachteilige Information nicht zu verschleiern, um das Risiko des Misserfolgs zu verringern.
- Es ist außerdem wichtig, den Businessplan von externen Personen prüfen zu lassen, um so seine Zuverlässigkeit und Verständlichkeit zu garantieren.

- In Kombination mit einer Balanced Scorecard sollte der Businessplan in den ersten Jahren nach der Unternehmensgründung oder Projekteinführung als Referenzdokument dienen. Unternehmer sollten ihn als Anhaltspunkt für die Überprüfung von Strategie und Rentabilität nutzen können. Falls nötig sollten der Kurs geändert, Anpassungen getätigt und neue Prognosen erstellt werden.

Ihre Meinung ist uns wichtig!
Hinterlassen Sie doch einen Kommentar auf der
Seite unserer Online-Buchhandlung
und teilen Sie Ihre Favoriten in den sozialen
Netzwerken!

DARÜBER HINAUS

LITERATURVERZEICHNIS

- Abrams, Rhonda M.: *Successful Business Plan. Secrets and Strategies.* 6. Aufl. Planning Shop: Palo Alto 2014.

- *Beci*: „Business plan: quels points aborder?" Brussels Enterprises, Commerce and Industry (auf Französisch und Niederländisch). http://www.beci.be/services/je_cree_ma_societe/business_plan_quels_points_aborder/ (11.04.2018).

- *Entrepreneur. Small Business Encyclopedia:* „Business plan". Enzyklopädie auf Englisch. http://www.entrepreneur.com/encyclopedia/business-plan (11.04.2018).

- Filion, Louis Jacques; Ananou, Claude; Schmitt, Christophe: *Réussir sa création d'entreprise sans business plan.* Eyrolles: Paris 2012.

- Kotler, Philip; Keller, Kevin; Opresnik, Marc Oliver: *Marketing Management. Konzepte – Instrumente – Unternehmensfallstudien.* 15., akt. Aufl. Pearson Studium: Hallbergmoos 2017.

- Lavinsky, Dave: „Business Plan Outline – 23 Point Checklist For Success". *Forbes.* (Dez. 2013). https://www.forbes.com/sites/davelavinsky/2013/12/03/business-plan-outline-23-point-checklist-for-success/#40e7bd275275 (11.04.2018).

WEITERFÜHRENDE LITERATUR

- Berk, Jonathan; DeMarzo, Peter: *Grundlagen der Finanzwirtschaft*. 3. Aufl. Pearson Studium: Hallbergmoos 2015.

- Stutely, Richard: *Der professionelle Businessplan. Der Praxisleitfaden für Manager und Unternehmensgründer*. 2. Aufl. Pearson Studium: München 2006.

MEHR AUF 50MINUTEN.DE

- del Marmol, Thomas: *Die PESTEL-Analyse. Bessere Prognosen durch Umfeldanalysen*. Aus dem Französischen von Mareike Lobeck. Plurilingua Publishing: Brüssel 2018.

- Kubicki, Morgane: Der Marketing Mix. Mit 4 P zur erfolgreichen Strategie. Aus dem Französischen von Mareike Lobeck. Plurilingua Publishing: Brüssel 2018.

- Sanna, Alice: Die Balanced Scorecard. Vier essentielle Dimensionen der langfristigen Unternehmensausrichtung. Aus dem Französischen von Ruth Alvermann. Plurilingua Publishing: Brüssel 2018.

- <u>Speth, Christophe: Die SWOT-Analyse. Erstellen Sie einen Strategieplan für Ihr Unternehmen. Aus dem Französischen von Mareike Lobeck. Plurilingua Publishing: Brüssel 2018.</u>

www.50Minuten.de

ISBN digitale Ausgabe: 9782808009126

ISBN gedruckte Ausgabe: 9782808010382

Pflichtexemplar: D/2018/12603/255

Cover: © Plurilingua

Digitale Aufbereitung: Primento, der digitale Partner der Herausgeber